AF221760

Impressum
Verlag: BABADADA GmbH, Nedderfeld 112 , 22529 Hamburg
Geschäftsführer / Verlagsleitung: Harald Hof
Druck: Books on Demand GmbH, In de Tarpen 42, 22848 Norderstedt

Imprint
Publisher: BABADADA GmbH, Nedderfeld 112 , 22529 Hamburg, Germany
Managing Director / Publishing direction: Harald Hof
Print: Books on Demand GmbH, In de Tarpen 42, 22848 Norderstedt, Germany

škola

škola

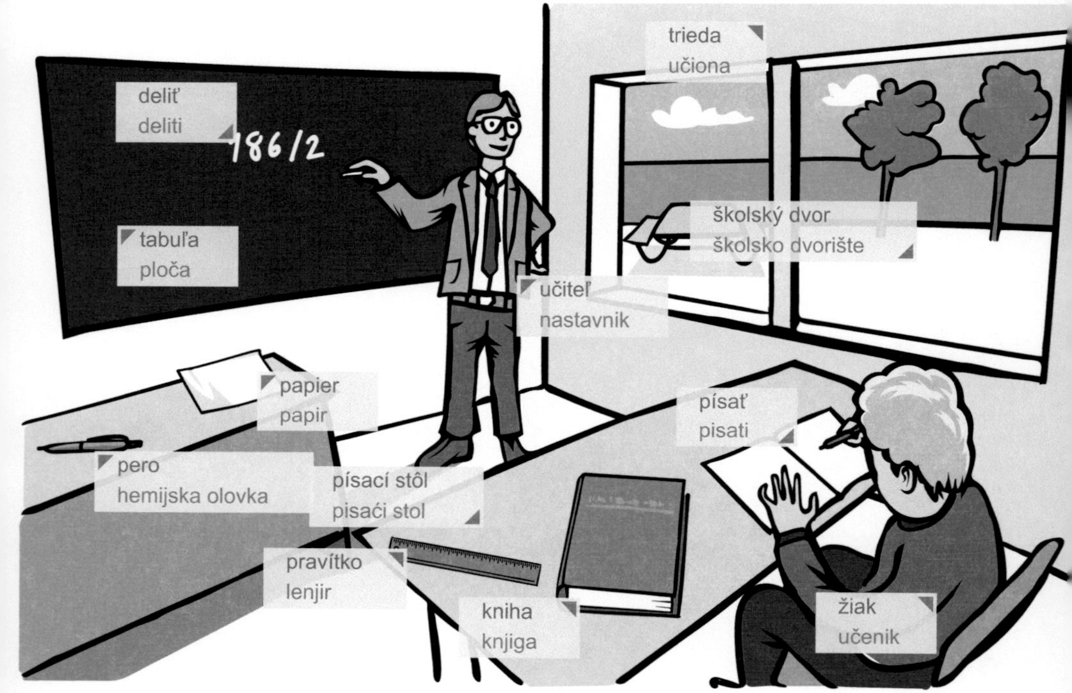

trieda
učiona
deliť
deliti
186/2
tabuľa
ploča
školský dvor
školsko dvorište
učiteľ
nastavnik
papier
papir
písať
pisati
pero
hemijska olovka
písací stôl
pisaći stol
pravítko
lenjir
kniha
knjiga
žiak
učenik

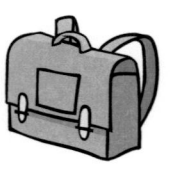

školská taška

torba

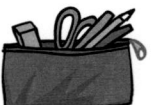

peračník

pernica

ceruza

grafitna olovka

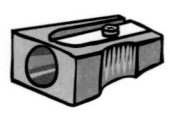

strúhadlo na ceruzky

šiljilo za olovke

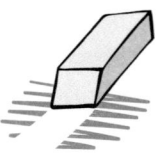

guma

gumica za brisanje

skicár

blok za crtanje

kresba

crtež

štetec

kist

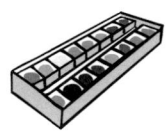

vodové farby

kutija sa bojama

nožnice

makaze

lepidlo

lepilo

cvičný zošit

beležnica

domáca úloha

domaći zadatak

číslo

broj

sčítať

sabirati

odčítať

oduzimati

násobiť

množiti

počítať

računati

písmeno

slovo

abeceda

abeceda

slovo

reč

text
tekst

čítať
čitati

krieda
kreda

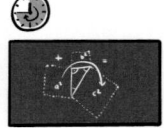

hodina
čas

triedna kniha
dnevnik

skúška
ispit

certifikát
svedočanstvo

školská uniforma
školska uniforma

vzdelanie
obrazovanje

encyklopédia
leksikon

univerzita
univerzitet

mikroskop
mikroskop

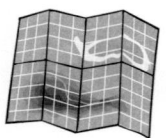

mapa
karta

kôš na papier
košara za papir

hotel
hotel

nocľaháreň
prenoćište

ROOMS

zmenáreň
menjačnica

EXCHANGE

kufor
kofer

auto
auto

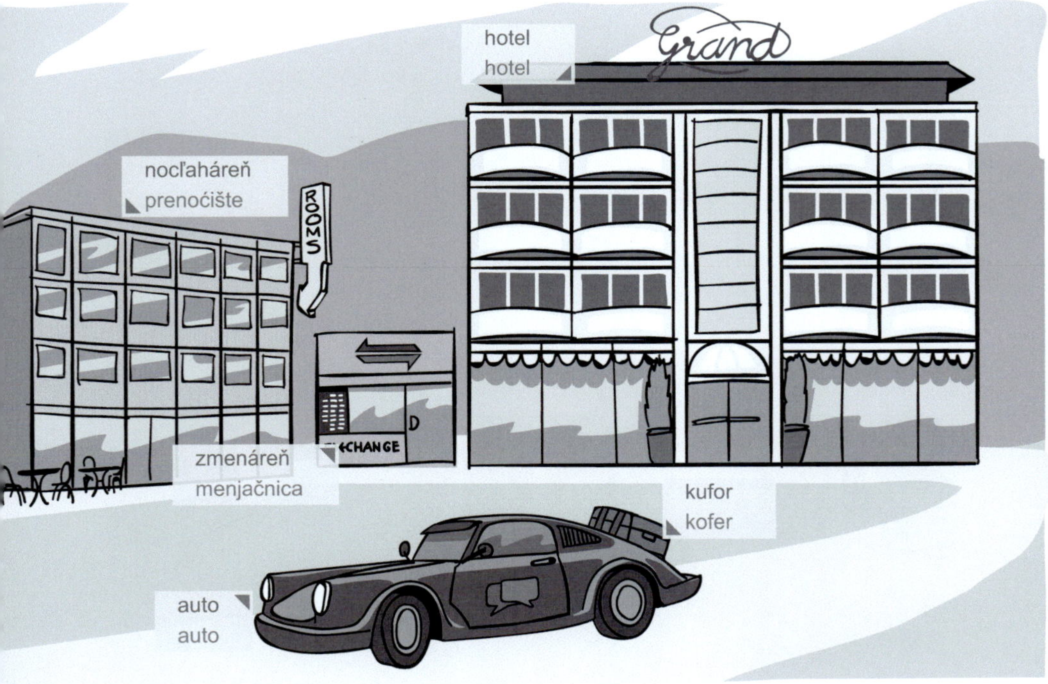

jazyk

jezik

áno/nie

da / ne

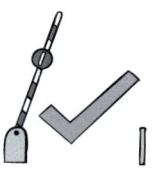

v poriadku

okej

ahoj

zdravo

prekladateľ

prevodilac

ďakujem

hvala

Koľko stojí ... ?

Koliko košta...?

Nerozumiem

ne razumem

problém

problem

Dobrý večer!

dobro veče!

Dobré ráno!

Dobro jutro!

Dobrú noc!

Laku noć!

Dovidenia

doviđenja

smer

smer

batožina

prtljaga

taška

torba

batoh

ruksak

hosť

gost

izba

soba

spacák

vreća za spavanje

stan

šator

informácie pre turistov

turističke informacije

pláž

plaža

kreditná karta

kreditna kartica

raňajky

doručak

obed

ručak

večera

večera

cestovný lístok

karta za vožnju

výťah

lift

poštová známka

poštanska markica

hranica

granica

clo

carina

veľvyslanectvo

ambasada

vízum

viza

cestovný pas

pasoš

doprava
transport

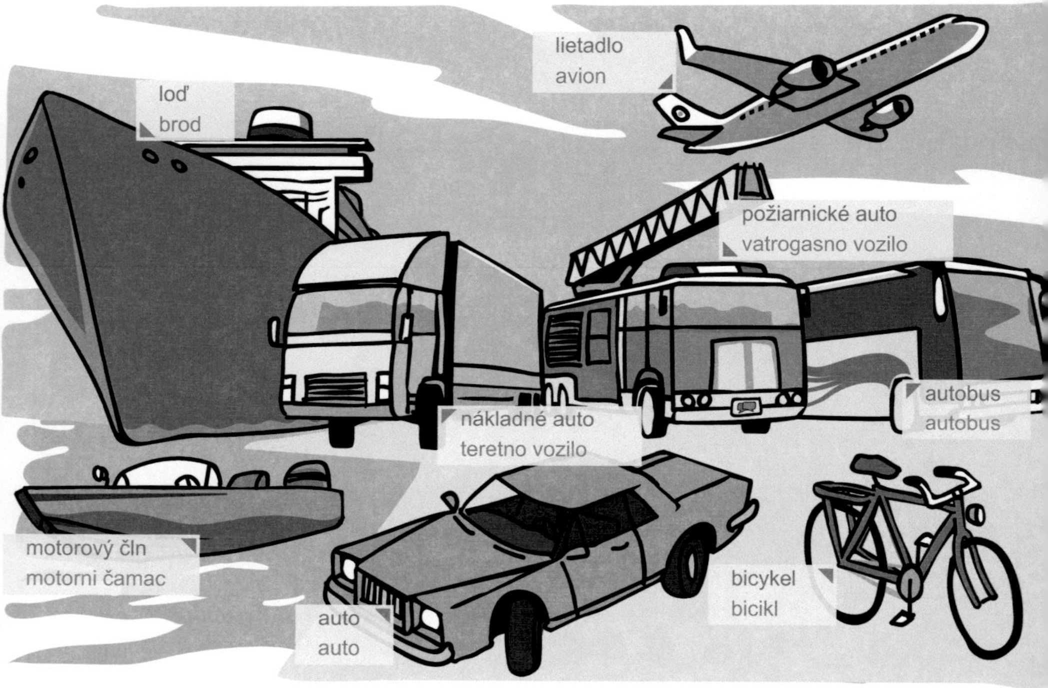

lietadlo
avion
loď
brod
požiarnické auto
vatrogasno vozilo
autobus
autobus
nákladné auto
teretno vozilo
motorový čln
motorni čamac
bicykel
bicikl
auto
auto

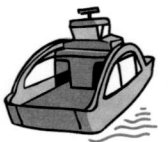

trajekt

trajekt

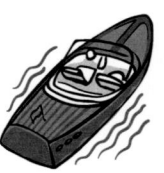

loď

čamac

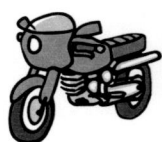

motorka

motocikl

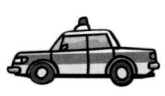

policajné auto

policijski auto

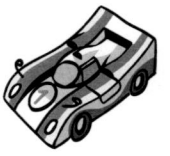

pretekárske auto

trkaći auto

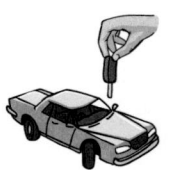

vozidlo z požičovne

iznajmljeno auto

carsharing

delenje automobila

odťahové auto

vučno vozilo

smetiarske auto

vozilo za odvoz smeća

motor

motor

benzín

benzin

čerpacia stanica

benzinska stanica

dopravná značka

saobraćajni znak

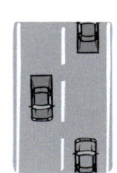

premávka

saobraćaj

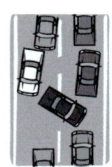

zápcha

zastoj

parkovisko

parkiralište

vlaková stanica

železnička stanica

trate

šine

vlak

voz

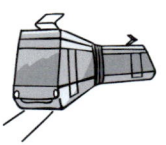

električka

tramvaj

vagón

vagon

helikoptéra

helikopter

letisko

aerodrom

veža

kula

pasažier

putnik

kontajner

kontejner

kartón

karton

vozík

kolica

kôš

korpa

štartovať / pristáť

uzleteti / sleteti

mesto

grad

dedina

selo

centrum mesta

centar grada

dom

kuća

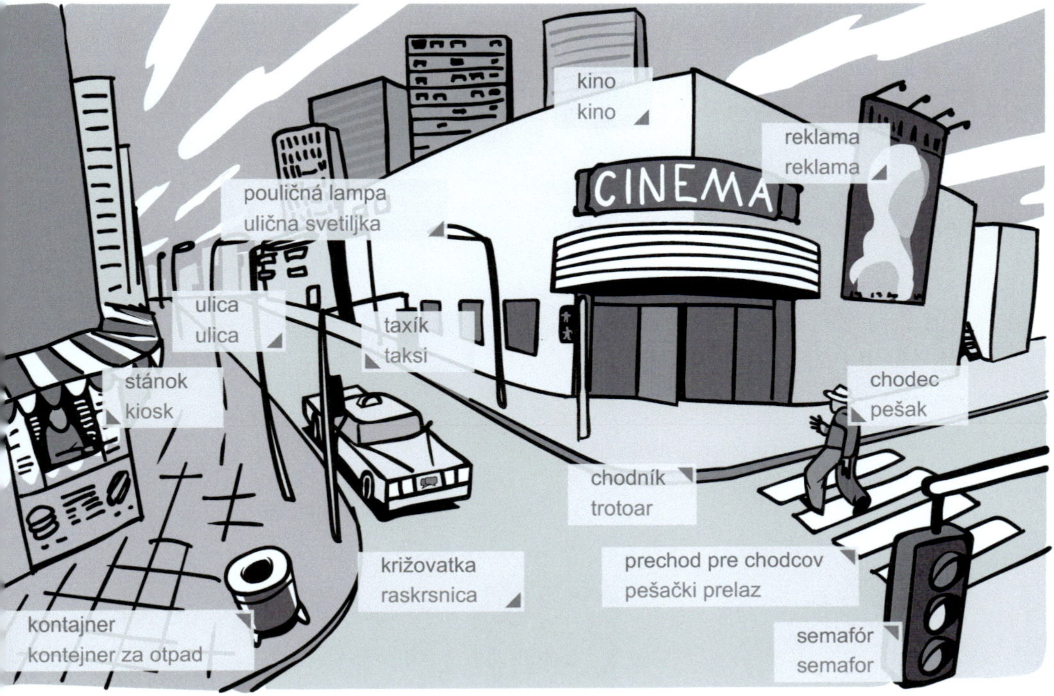

kino
kino

reklama
reklama

pouličná lampa
ulična svetiljka

CINEMA

ulica
ulica

taxík
taksi

chodec
pešak

stánok
kiosk

chodník
trotoar

križovatka
raskrsnica

prechod pre chodcov
pešački prelaz

kontajner
kontejner za otpad

semafór
semafor

chata
koliba

byt
stan

vlaková stanica
železnička stanica

radnica
većnica

múzeum
muzej

škola
škola

univerzita

univerzitet

banka

banka

nemocnica

bolnica

hotel

hotel

lekáreň

apoteka

kancelária

kancelarija

kníhkupectvo

knjižara

obchod

prodavnica

kvetinárstvo

cvećara

supermarket

supermarket

trh

trg

obchodný dom

robna kuća

obchodník s rybami

ribarnica

nákupné stredisko

trgovački centar

prístav

luka

park

park

lavička

klupa

most

most

schody

stepenice

metro

podzemna železnica

tunel

tunel

autobusová zastávka

autobuska stanica

bar

bar

reštaurácia

restoran

poštová schránka

poštansko sanduče

tabuľa s názvom ulice

ulični znak

parkovacie hodiny

parkirni automat

ZOO

zoološki vrt

plaváreň

bazen

mešita

džamija

farma

seosko gazdinstvo

znečisťovanie životného prostredia

zagađenje okoline

cintorín

groblje

kostol

crkva

ihrisko

igralište

chrám

hram

terén
pejsaž

list
list

smerová tabuľa
putokaz

cesta
put

lúka
livada

kameň
kamen

turista
šetač

strom
drvo

rieka
reka

tráva
trava

kvet
cvijet

dolina

dolina

kopec

planina

jazero

jezero

les

šuma

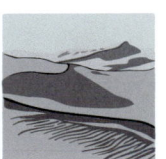

púšť

pustinja

vulkán

vulkan

zámok

dvorac

dúha

duga

hríb

gljiva

palma

palma

komár

moskito

mucha

muva

mravec

mrav

včela

pčela

pavúk

pauk

chrobák

buba

žaba

žaba

veverička

veverica

jež

jež

zajac

zec

sova

sova

vták

ptica

labuť

labud

diviak

divlja svinja

jeleň

jelen

los

los

hrádza

nasip

veterná turbína

vetrenjača

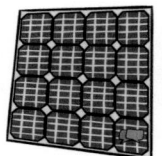

solárny panel

solarna ploča

podnebie

klima

reštaurácia
restoran

čašník
konobar
jedálny lístok
jelovnik
stolička
stolica
polievka
supa
pizza
pica
príbor
pribor za jelo
obrus
stolnjak

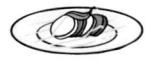

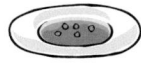

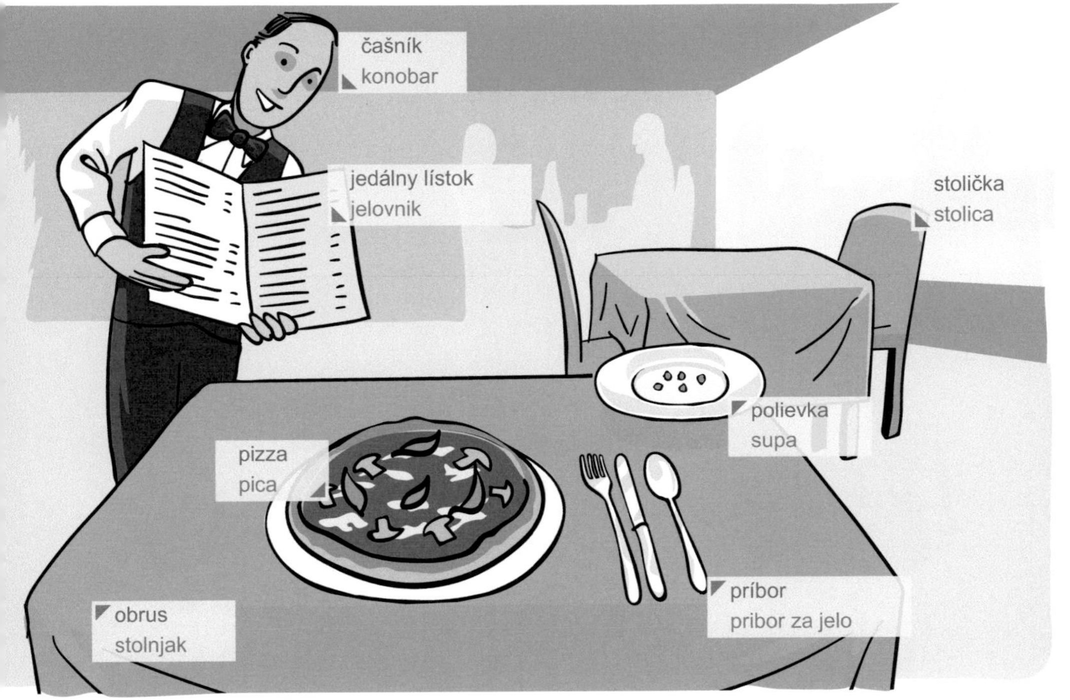

predjedlo

predjelo

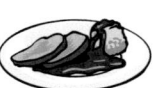

hlavné jedlo

glavno jelo

zákusok

desert

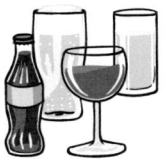

nápoje

napitci

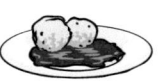

jedlo

jelo

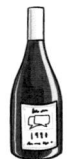

fľaša

flaša

fast-food

brza hrana

street food

imbis hrana

kanvica na čaj

čajnik

cukornička

doza za šećer

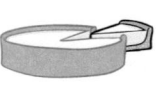

porcia

porcija

stroj na espresso

aparat za espresso

detská stolička

visoka stolica

účet

račun

podnos

poslužavnik

nôž

nož

vidlička

viljuška

lyžica

kašika

čajová lyžička

čajna kašika

obrúsok

salveta

pohár

čaša

tanier

tanjir

hlboký tanier

tanjir za supu

podšálka

tanjirić

omáčka

sos

soľnička

soljenka

mlynček na korenie

mlin za biber

ocot

sirće

olej

ulje

korenie

začini

kečup

kečap

horčica

senf

majonéza

majoneza

supermarket
supermarket

specijalna ponuka
ponuda
klient
kupac
FOR
mliečne výrobky
mlečni proizvodi
ovocie
voće
nákupný vozík
kolica za kupovinu

BUTCHERS

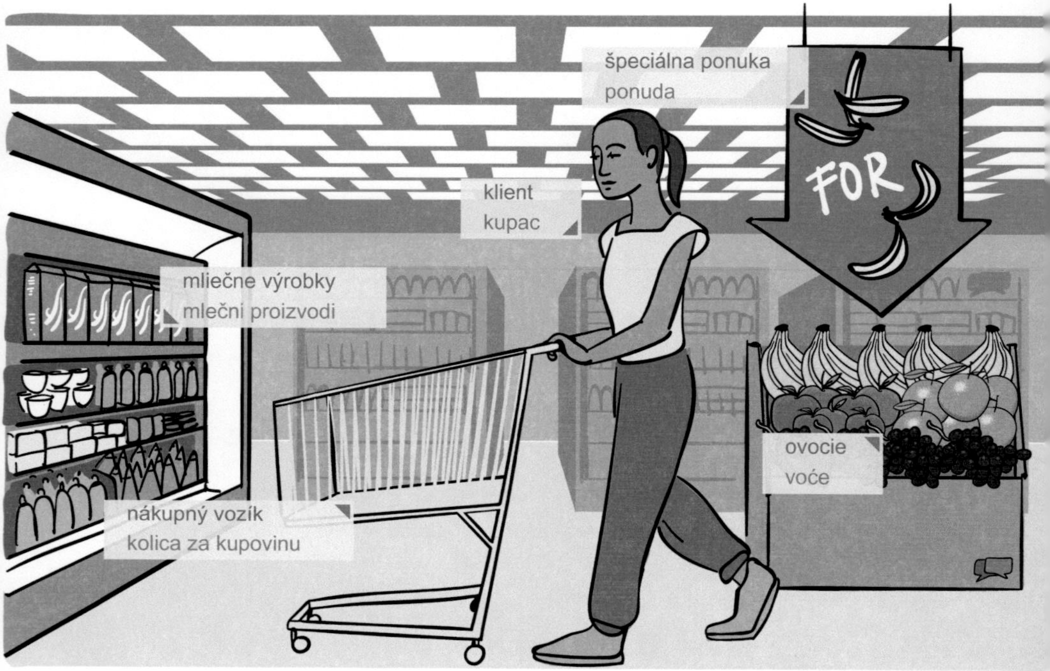

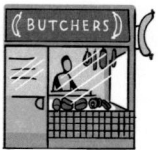

mäsiarstvo

mesnica

BAKERY

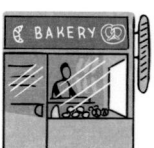

pekáreň

pekara

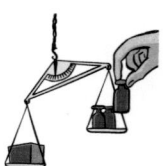

vážiť

vagati

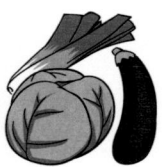

zelenina

povrće

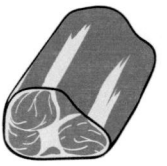

mäso

meso

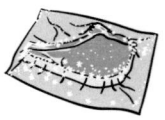

mrazené potraviny

smrznuta hrana

nárez	konzervy	prací prostriedok
narezak	konzerve	sredstvo za pranje

sladkosti	domáce potreby	čistiace prostriedky
slatkiši	artikli za domaćinstvo	sredstva za čišćenje

predavačka	pokladňa	pokladník
prodavačica	blagajna	blagajnik

nákupný zoznam	otváracie hodiny	peňaženka
lista za kupovinu	vreme rada	novčanik

kreditná karta	taška	plastové vrecko
kreditna kartica	torba	plastična kesa

voda
voda

džús
sok

mlieko
mleko

kola
kola

víno
vino

pivo
pivo

alkohol
alkohol

kakao
kakao

čaj
čaj

káva
kava

espresso
espresso

kapučíno
cappuccino

banán

banana

jablko

jabuka

pomaranč

narandža

melón

lubenica

citrón

limun

mrkva

šargarepa

cesnak

beli luk

bambus

bambus

cibuľa

luk

hríb

gljiva

orechy

orašasti plodovi

rezance

rezanci

špagety

špagete

ryža

riža

šalát

salata

hranolky

pomfrit

pečené zemiaky

pečeni krumpir

pizza

pica

hamburger

hamburger

obložený chlebík

sendvič

rezeň

šnicla

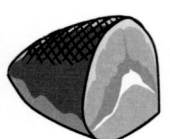

šunka

šunka

saláma

salama

klobása

kobasica

kurča

kokoš

pečené mäso

pečenje

ryba

riba

ovsené vločky

zobene pahuljice

müsli

musli

kukuričné lupienky

kukuruzne pahuljice

múka

brašno

croissant

kroasan

pečivo

pecivo

chlieb

hleb

hrianka

toast

sušienky

keksi

maslo

maslac

tvaroh

sveži sir

koláč

kolač

vajce

jaje

volské oko

jaje na oko

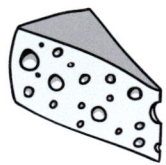

syr

sir

zmrzlina

sladoled

cukor

šećer

med

med

lekvár

marmelada

nugátová nátierka

nugat krema

karí korenie

kari

farma
seosko gazdinstvo

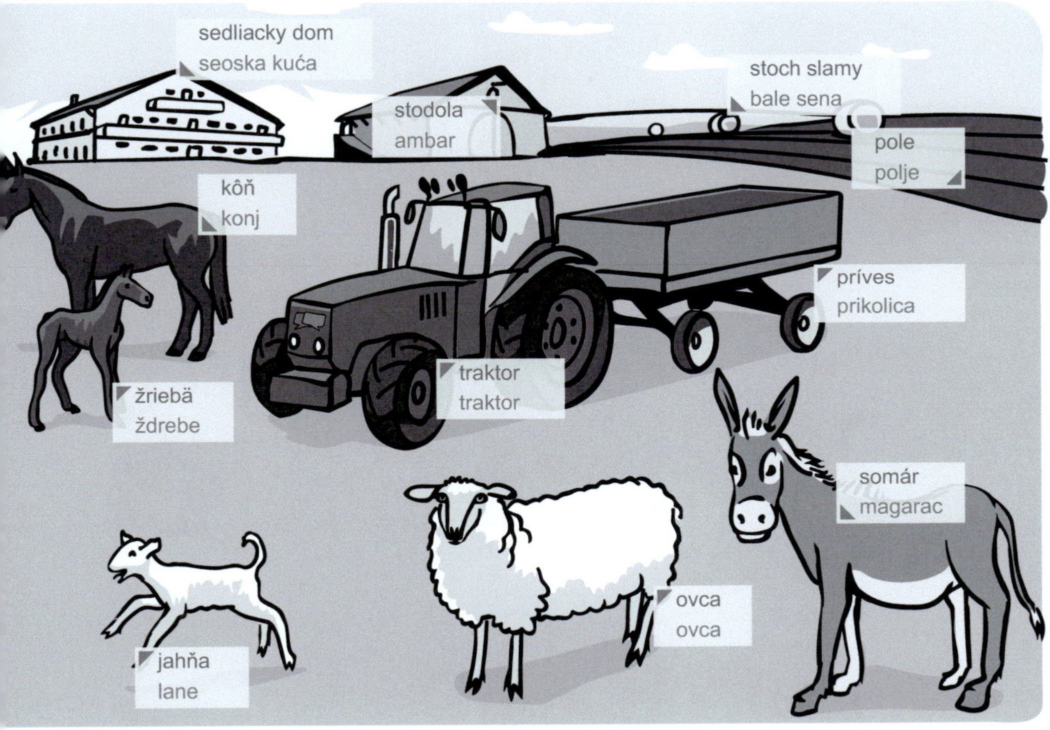

sedliacky dom
seoska kuća
stodola
ambar
stoch slamy
bale sena
pole
polje
kôň
konj
príves
prikolica
traktor
traktor
žriebä
ždrebe
somár
magarac
ovca
ovca
jahňa
lane

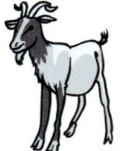

koza

koza

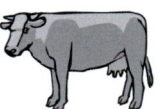

krava

krava

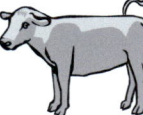

teľa

tele

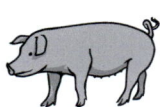

prasa

svinja

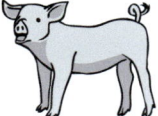

prasiatko

prase

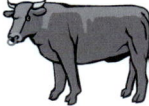

býk

bik

hus
guska

kačica
patka

kuriatko
pilići

sliepka
kokoš

kohút
petao

potkan
pacov

mačka
mačka

myš
miš

vôl
vol

pes
pas

psia búda
kućica za psa

záhradná hadica
vrtno crevo

krhla
kanta za polivanje

kosa
kosa

pluh
plug

kosák

srp

motyka

motika

vidly na hnoj

viljuška za đubrivo

sekera

sekira

fúrik

tačke

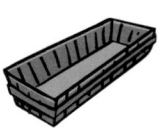

koryto

korito

kanva na mlieko

posuda za mleko

vrece

vreća

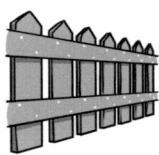

plot

ograda

maštaľ

štala

skleník

staklenik

pôda

zemlja

osivo

seme

hnojivo

đubrivo

kombajn

kombajn

farma - seosko gazdinstvo

žať
žeti

žatva
žetva

batát
jams začin

pšenica
pšenica

sója
soja

zemiak
krumpir

kukurica
kukuruz

repka
uljana repica

ovocný strom
voćka

maniok
gomolj manioke

obilie
žitarice

dom

kuća

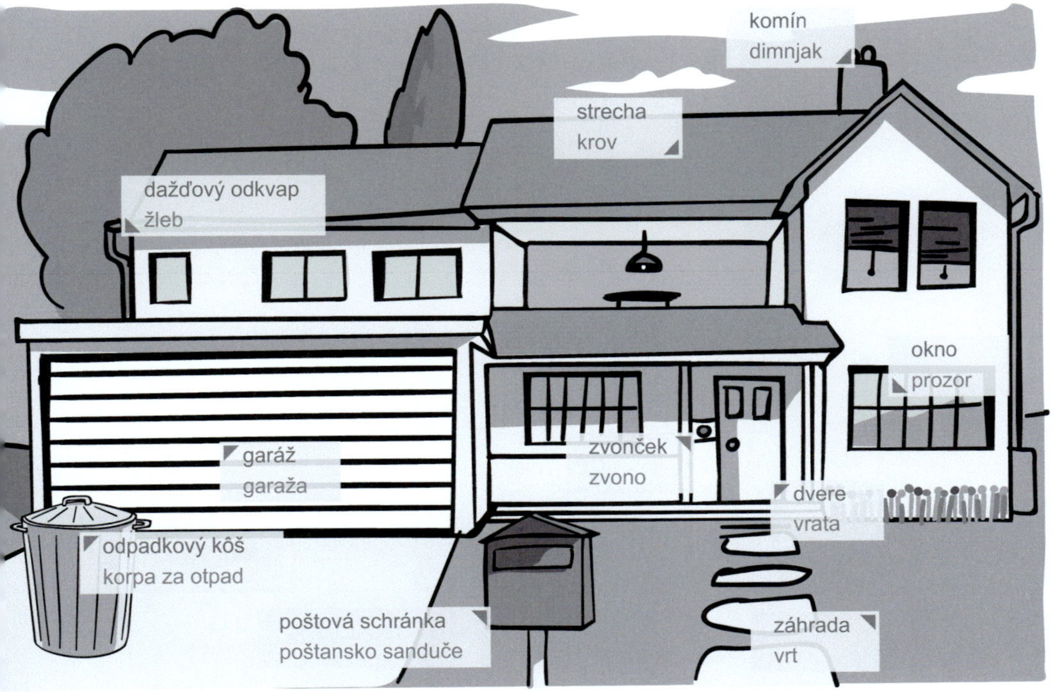
komín
dimnjak
strecha
krov
dažďový odkvap
žleb
okno
prozor
zvonček
zvono
garáž
garaža
dvere
vrata
odpadkový kôš
korpa za otpad
poštová schránka
poštansko sanduče
záhrada
vrt

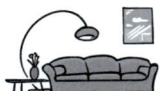

obývačka

dnevna soba

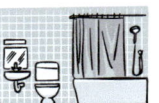

kúpeľňa

kupaonica

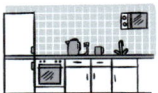

kuchyňa

kuhinja

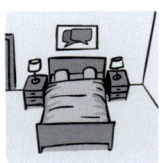

spálňa

spavaća soba

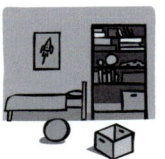

detská izba

dečija soba

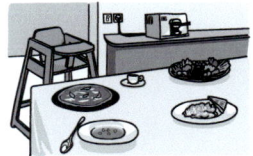

jedáleň

trpezarija

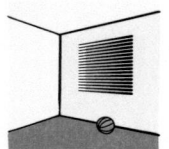

podlaha

pod

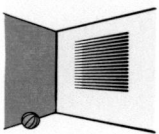

stena

zid

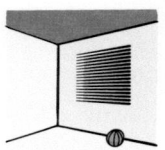

strop

strop

pivnica

podrum

sauna

sauna

balkón

balkon

terasa

terasa

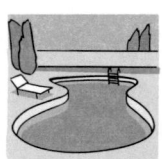

bazén

bazen

kosačka

kosilica za travu

obliečka

posteljina za krevet

posteľná prikrývka

deka za krevet

posteľ

krevet

metla

metla

vedro

kanta

vypínač

prekidač

obývačka
dnevna soba

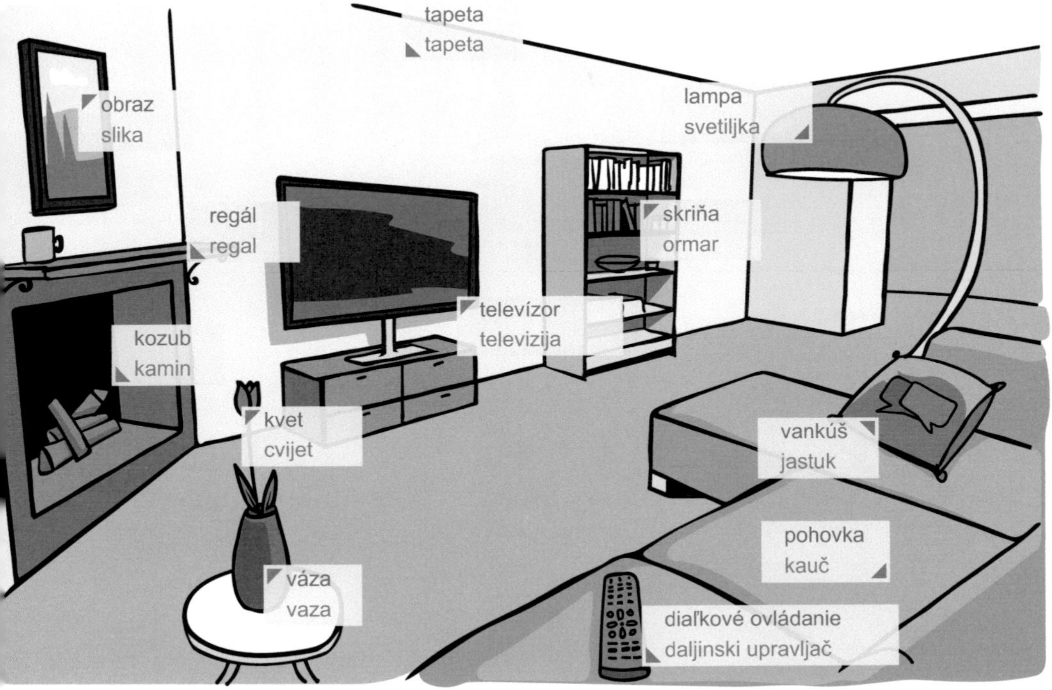
tapeta
tapeta
obraz
slika
lampa
svetiljka
regál
regal
skriňa
ormar
televízor
televizija
kozub
kamin
kvet
cvijet
vankúš
jastuk
pohovka
kauč
váza
vaza
diaľkové ovládanie
daljinski upravljač

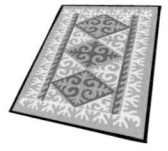

koberec
tepih

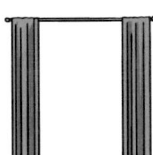

záclona
zavesa

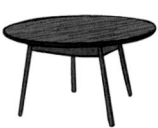

stôl
sto

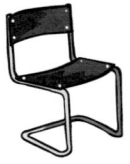

stolička
stolica

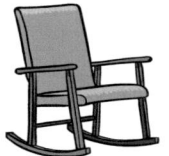

hojdacie kreslo
stolica za njihanje

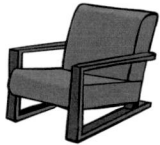

kreslo
fotelja

kniha

knjiga

prikrývka

deka

dekorácia

dekoracija

drevo na kúrenie

drvo za ogrev

film

film

hi-fi veža

hi-fi uređaj

kľúč

ključ

noviny

novine

maľba

slika na platnu

plagát

poster

rádio

radio

zápisník

blok za pisanje

vysávač

usisivač

kaktus

kaktus

sviečka

sveća

kuchyňa
kuhinja

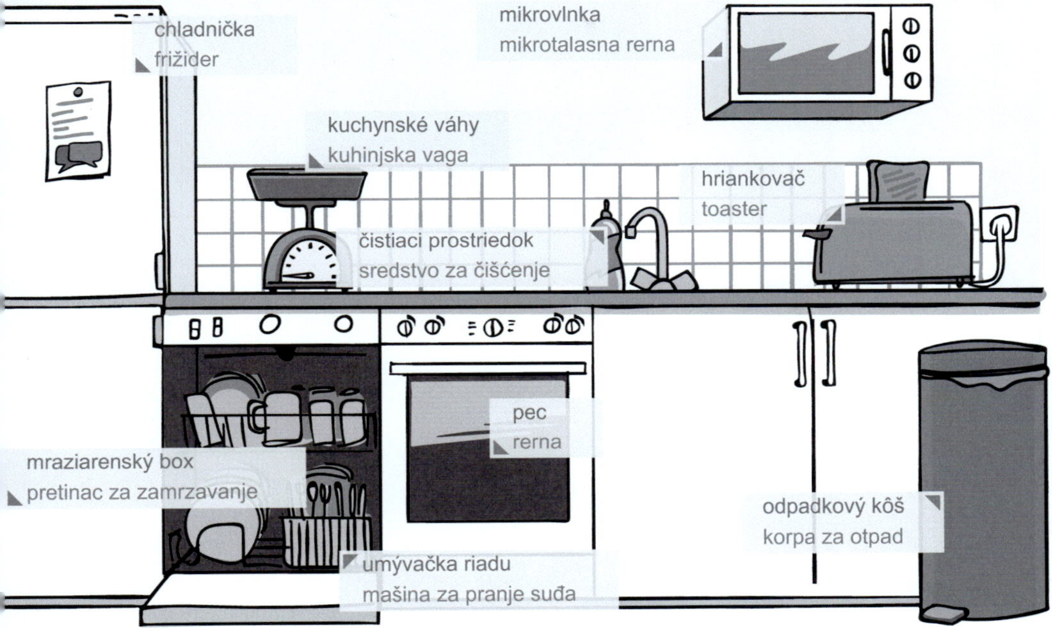

chladnička
frižider
mikrovlnka
mikrotalasna rerna
kuchynské váhy
kuhinjska vaga
hriankovač
toaster
čistiaci prostriedok
sredstvo za čišćenje
pec
rerna
mraziarenský box
pretinac za zamrzavanje
odpadkový kôš
korpa za otpad
umývačka riadu
mašina za pranje suđa

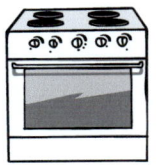

sporák

šporet

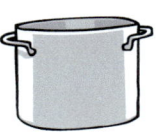

hrniec

lonac

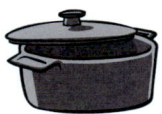

železný hrniec

gvozdeni lonac

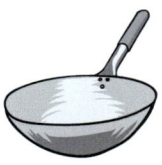

wok / kadai

wok / kadai

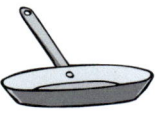

panvica

tava

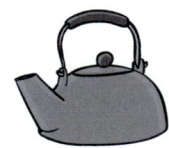

rýchlovarná kanvica

kuvalo za vodu

parný hrniec

kuvalo na paru

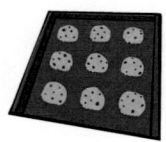

plech na pečenie

lim za pečenje

riad

posuđe

pohár

čaša

misa

posuda

paličky

štapići za jelo

naberačka na polievku

kutlača

stierka

lopatica

metlička

penjača

cedidlo

sito za kuvanje

sitko

sito

strúhadlo

ribež

mažiar

mužar

gril

roštilj

ohnisko

ognjište

doska na krájanie
daska

valček na cesto
oklagija

vývrtka
vadičep

konzerva
konzerva

otvárač na konzervy
otvarač konzervi

chňapka
krpa za lonac

výlevka
sudoper

kefa
četka

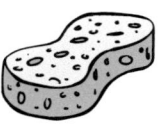

hubka
sunđer

mixér
mikser

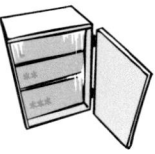

mraznička
zamrzivač

kojenecká fľaša
flašica za bebe

vodovodný kohútik
slavina za vodu

kúpeľňa
kupaonica

kúrenie
grejanje
sprcha
tuš
uterák
peškir
sprchový záves
zavesa za tuš
pena do kúpeľa
penušava kupka
vaňa
kada
pohár
čaša
práčka
mašina za pranje veša
vodovodný kohútik
slavina za vodu
dlaždice
pločice
nočník
tuta
výlevka
sudoper

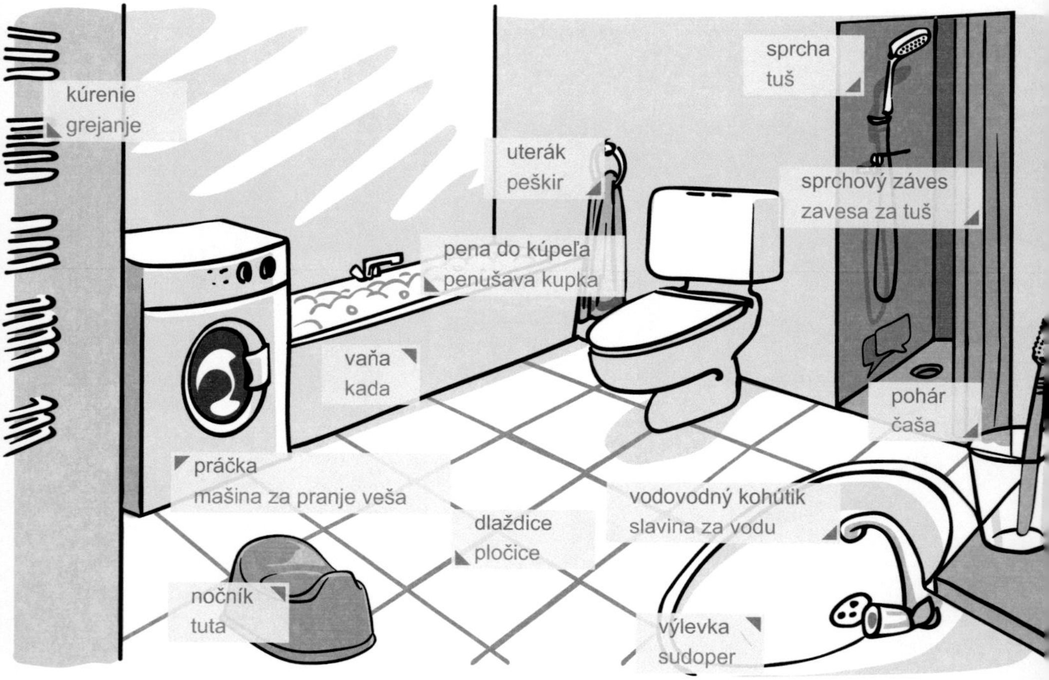

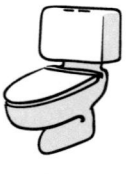

záchod

toalet

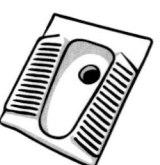

suchý záchod

čučavac

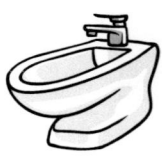

bidet

bidet

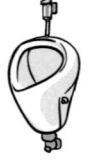

pisoár

pisoar

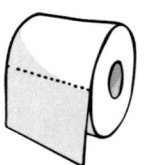

toaletný papier

toaletni papir

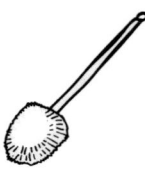

záchodová kefa

četka za toalet

zubná kefka

četkica za zube

zubná pasta

pasta za zube

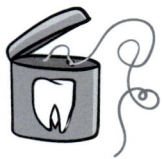

dentálna niť

konac za zube

umývať

prati

ručná sprcha

tuš ručica

sprcha pre intímnu hygienu

tuš za pranje intimnih delova

umývadlo

lavor

kefa na chrbát

četka za pranje leđa

mydlo

sapun

sprchový gél

gel za tuširanje

šampón

šampon

frotírová rukavica

krpa za pranje

odtok

odvod

krém

krema

dezodorant

dezodorans

zrkadlo

ogledalo

kozmetické zrkadlo

kozmetičko ogledalo

žiletka

brijač

pena na holenie

pena za brijanje

voda po holení

losion za posle brijanja

hrebeň

češalj

kefa

četka

sušič vlasov

fen za kosu

sprej na vlasy

sprej za kosu

make-up

makeup

rúž

ruž za usne

lak na nechty

lak za nokte

vata

vata

nožnice na nechty

makaze za nokte

parfum

parfem

kozmetická taška

kozmetička torbica

stolček

stolica

váha

vaga

kúpací plášť

ogrtač

gumové rukavice

rukavice za čišćenje

tampón

tampon

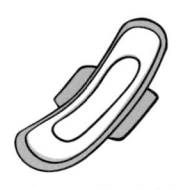

menštruačná vložka

uložak

chemické WC

hemijski toalet

detská izba

dečija soba

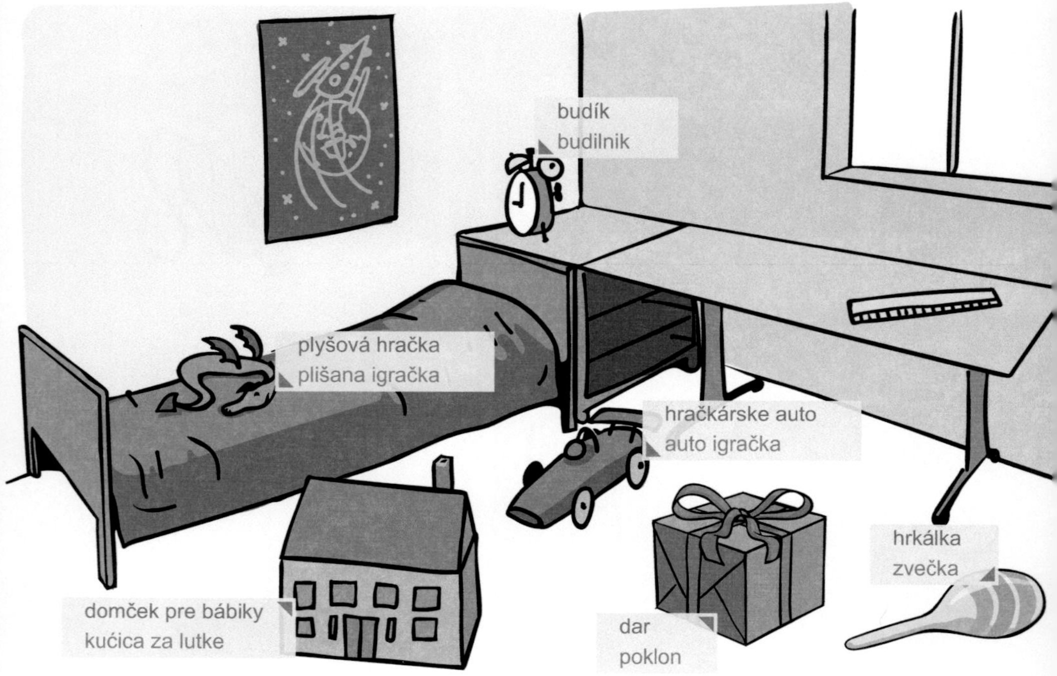
budík
budilnik
plyšová hračka
plišana igračka
hračkárske auto
auto igračka
hrkálka
zvečka
domček pre bábiky
kućica za lutke
dar
poklon

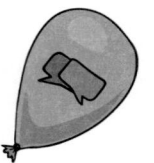

balón

balon

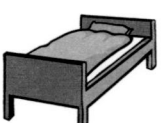

posteľ

krevet

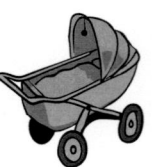

detský kočík

dječija kolica

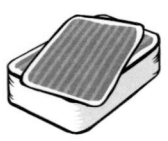

karty

igra s kartama

puzzle

slagalica

SUPER
MEGA

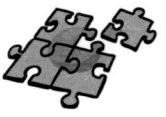

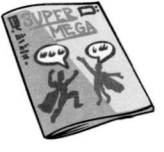

komix

strip

skladačka lego

lego kockice

stavebnica

kockice za slaganje

akčná postavička

akcioni junak

dupačky

benkica za bebe

lietajúci tanier

frizbi

závesné hračky

viseće igračke

stolová hra

družstvene igre

kocka

kocka

modelový vláčik

minijaturna željeznica

cumlík

duda

párty

zabava

obrázková kniha

slikovnica

lopta

lopta

bábika

lutka

hrať sa

igrati

pieskovisko

pješčanik

hojdačka

ljuljačka

hračky

igračka

hracia konzola

konzola za igre

trojkolka

tricikl

medvedík

tedi

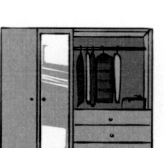

šatník

ormar

šatstvo

odeća

ponožky

kratke čarape

pančuchy

čarape

pančuchové nohavičky

hulahopke

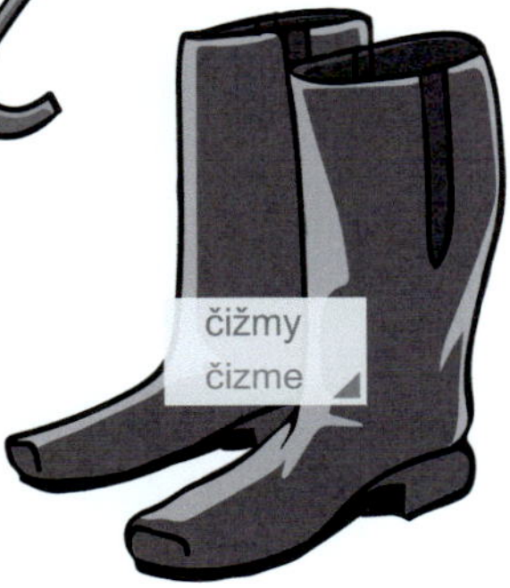

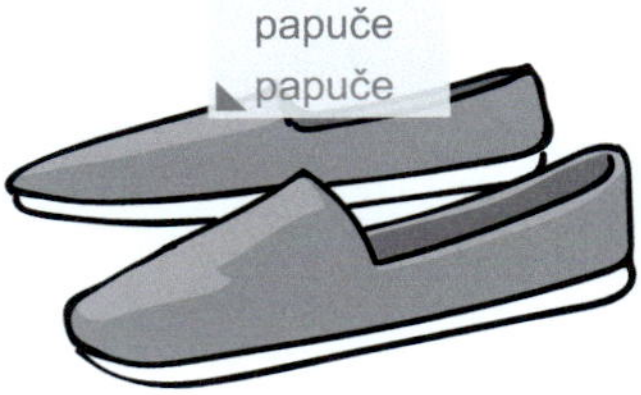

šál
šal

dáždnik
kišobran

tričko
majica

opasok
kaiš

čižmy
čizme

papuče
papuče

tenisky
patike

sandále

sandale

topánky

cipele

gumáky

gumene čizme

spodky

gaćice

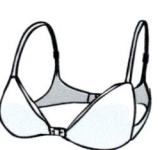

podprsenka

grudnjak

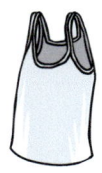

tielko

potkošulja

šatstvo - odeća

45

body
bodi

nohavice
pantalone

džínsy
farmerke

sukňa
suknja

blúzka
bluza

košeľa
košulja

pulóver
džemper

sveter
džemper s kapuljačom

blejzer
sako

bunda
jakna

kabát
kaput

pršiplášť
kabanica

kostým
kostim

šaty
haljina

svadobné šaty
venčanica

oblek
....
odelo

nočná košeľa
....
spavaćica

pyžamo
....
pidžama

sari
....
sari

šatka na hlavu
....
marama za glavu

turban
....
turban

burka
....
burka

kaftan
....
kaftan

abaja
....
abaja

dvojdielne plavky
....
kupaći kostim

plavky
....
kupaće gaćice

šortky
....
kratke pantalone

tepláková súprava
....
odeća za trening

zástera
....
kecelja

rukavice
....
rukavice

gombík

dugme

okuliare

naočare

náramok

narukvica

retiazka

ogrlica

prsteň

prsten

náušnica

naušnica

čiapka

kapa

vešiak

vešalica

klobúk

šešir

kravata

kravata

zips

patent zatvarač

prilba

kaciga

traky

naramenice

školská uniforma

školska uniforma

uniforma

uniforma

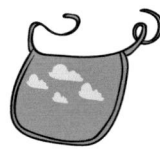

podbradník

podbradak

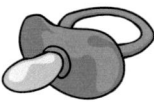

cumlík

duda

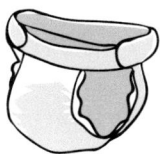

plienka

pelena

kancelária
kancelarija

server
server
skriňa na spisy
ormar za spise
tlačiareň
štampač
papier
papir
monitor
monitor
myš
miš
písací stôl
pisaći stol
zakladač
mapa
klávesnica
tastatura
kôš na papier
košara za papir
počítač
kompjuter
stolička
stolica

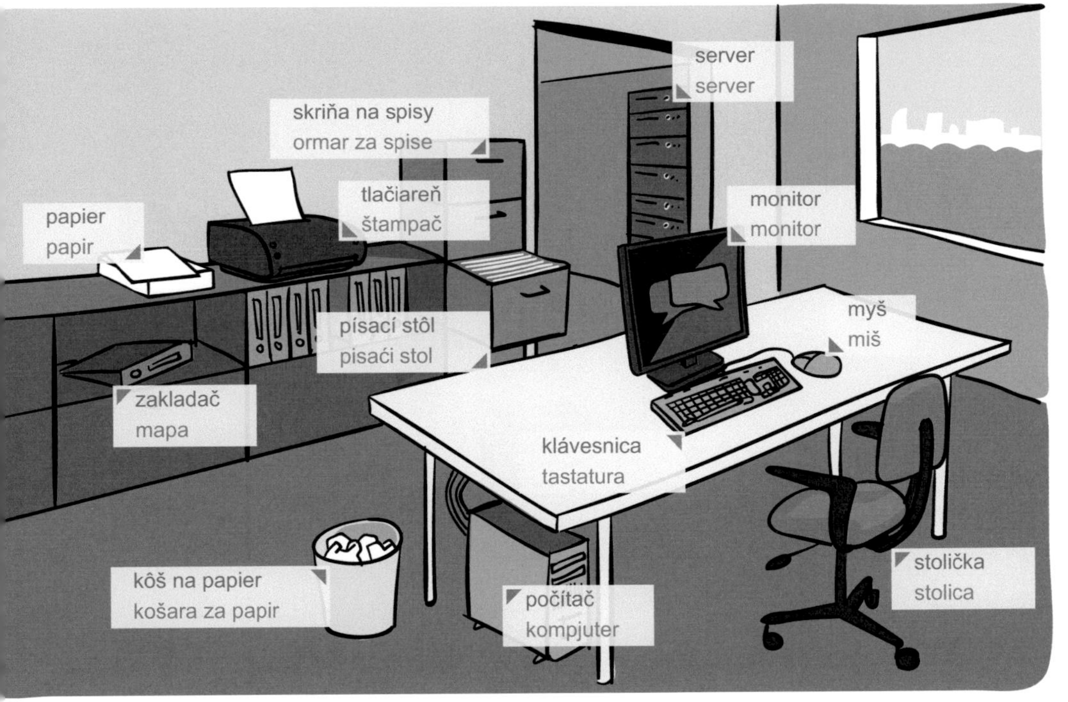

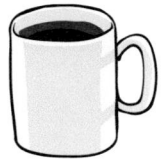

hrnček na kávu

šalica za kavu

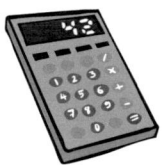

kalkulačka

kalkulator

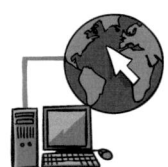

internet

internet

laptop

laptop

list

pismo

správa

poruka

mobil

mobilni telefon

sieť

mreža

kopírka

uređaj za kopiranje

softvér

softver

telefón

telefon

elektrická zásuvka

utičnica

fax

faks

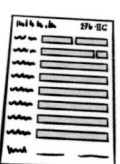

formulár

formular

doklad

dokument

kancelária - kancelarija

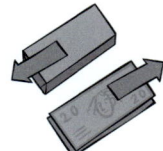

kúpiť

kupovati

platiť

platiti

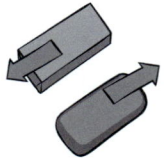

obchodovať

trgovati

peniaze

novac

 USD

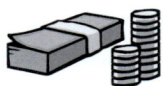

dolár

dolar

 EUR

euro

evro

 JPY

jen

jen

 RUB

rubeľ

rublja

 CHF

švajčiarsky frank

švajcarski franak

 CNY

čínsky jüan

renmindbi juan

 INR

rupia

rupija

bankomat

automat za novac

zmenáreň

menjačnica

zlato

zlato

striebro

srebro

ropa

nafta

energia

energija

cena

cena

zmluva

ugovor

daň

porez

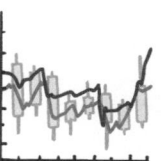

akcia

deonica

pracovať

raditi

zamestnanec

službenik

zamestnávateľ

poslodavac

továreň

fabrika

obchod

prodavnica

povolania
zanimanja

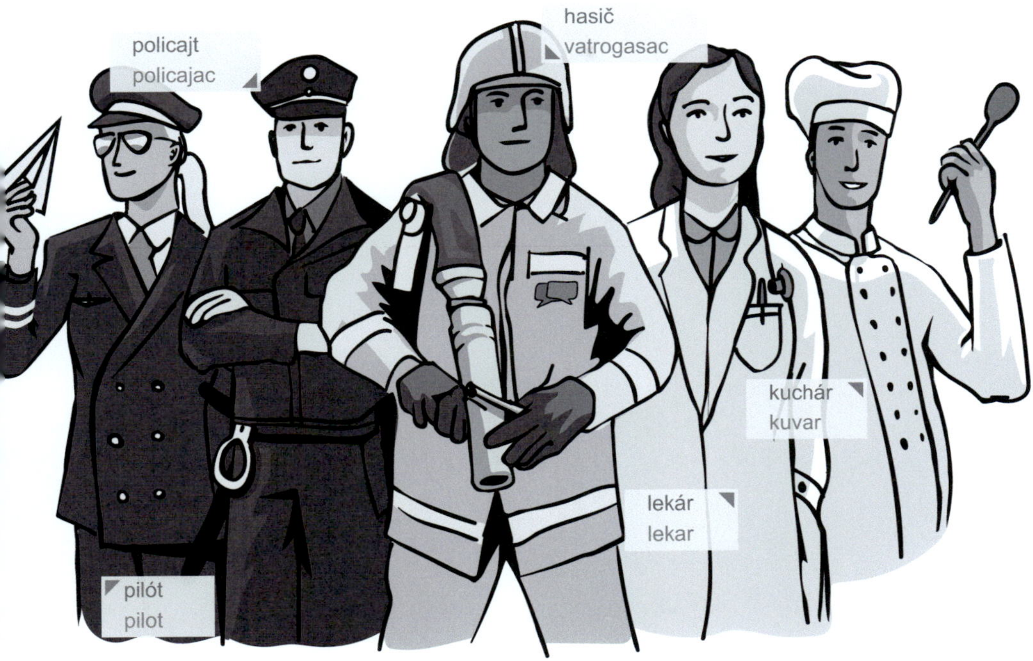
policajt
policajac
hasič
vatrogasac
kuchár
kuvar
lekár
lekar
pilót
pilot

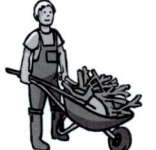

záhradník

vrtlar

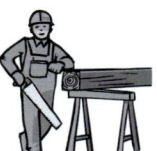

stolár

stolar

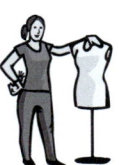

krajčírka

krojačica

sudca

sudija

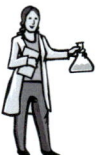

chemik

hemičar

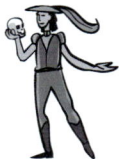

herec

glumac

vodič autobusu

vozač autobusa

taxikár

vozač taksija

rybár

ribar

upratovačka

čistačica

pokrývač

krovopokrivač

čašník

konobar

poľovník

lovac

maliar

slikar

pekár

pekar

elektrikár

električar

stavebný robotník

građevinski radnik

inžinier

inženjer

mäsiar

mesar

klampiar

limar

poštár

poštar

vojak

vojnik

architekt

arhitekta

pokladník

blagajnik

kvetinár

cvećar

kaderník

frizer

sprievodca

kondukter

mechanik

mehaničar

kapitán

kapetan

zubár

zubar

vedec

naučnik

rabín

rabi

imám

imam

mních

monah

farár

svećenik

náradie

alati

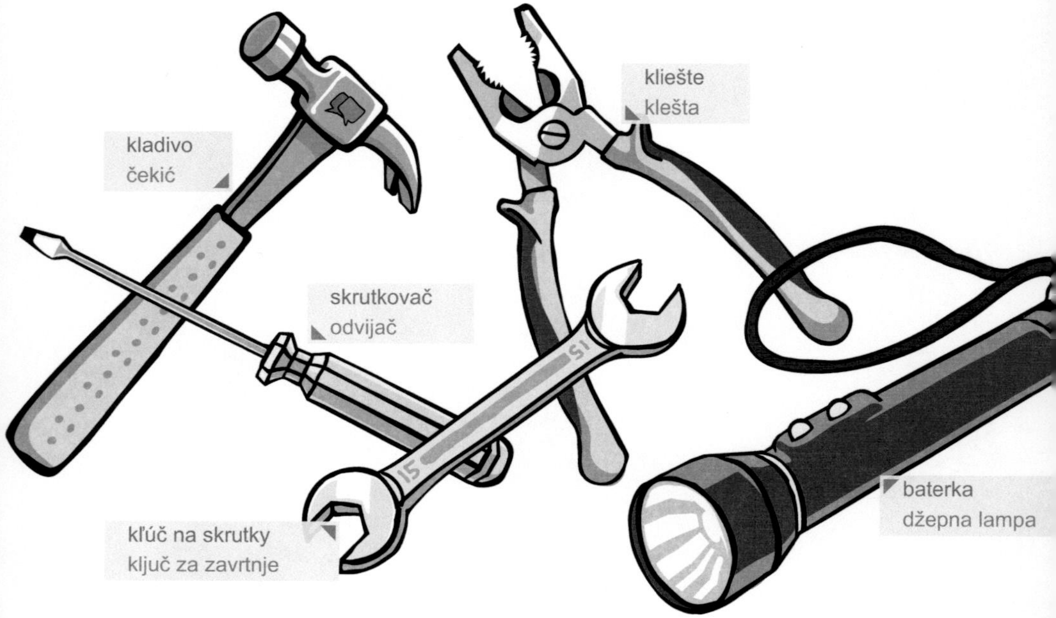
kladivo
čekić
kliešte
klešta
skrutkovač
odvijač
kľúč na skrutky
ključ za zavrtnje
baterka
džepna lampa

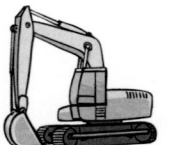

bager

bager

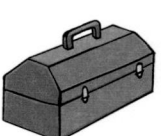

súprava náradia

kutija za alat

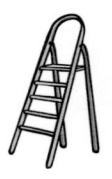

rebrík

merdevine

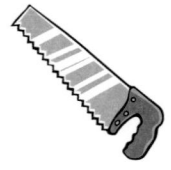

pílka

pila

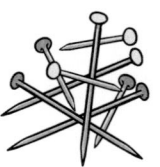

klince

ekser

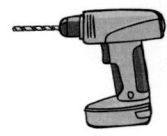

vrták

bušilica

opraviť

popraviti

lopata

lopata

Do čerta!

do đavola!

lopatka na smeti

lopatica

nádoba s farbou

lonac za boju

skrutky

zavrtanji

hudobné nástroje
muzički instrument

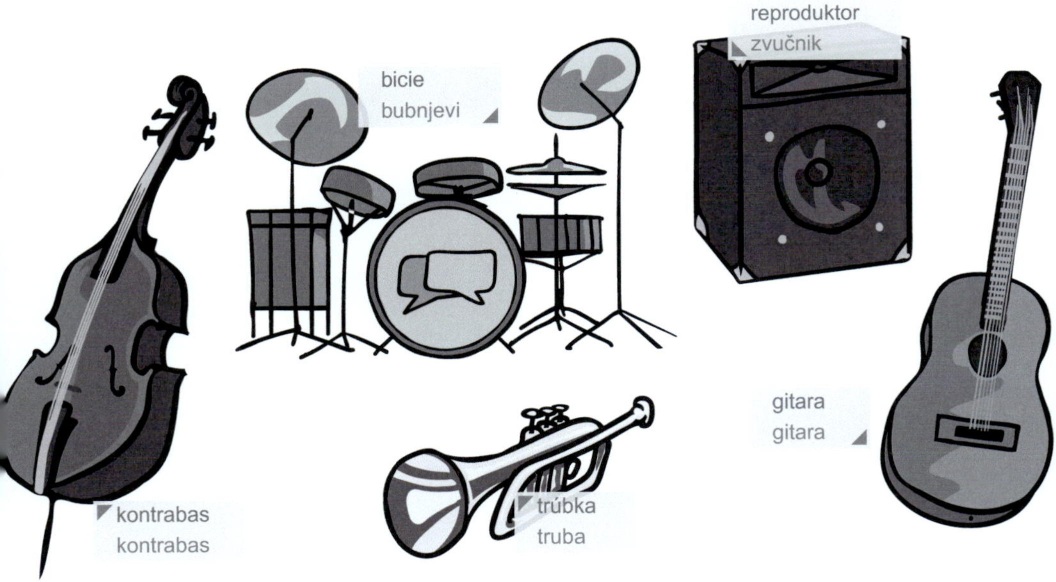

reproduktor
zvučnik

bicie
bubnjevi

gitara
gitara

kontrabas
kontrabas

trúbka
truba

klavír

klavir

husle

violina

basa

bas

tympany

timpani

bubon

udaraljke za bubnjeve

klávesnica

tipke klavira

saxofón

saksofon

flauta

flauta

mikrofón

mikrofon

ZOO
zoološki vrt

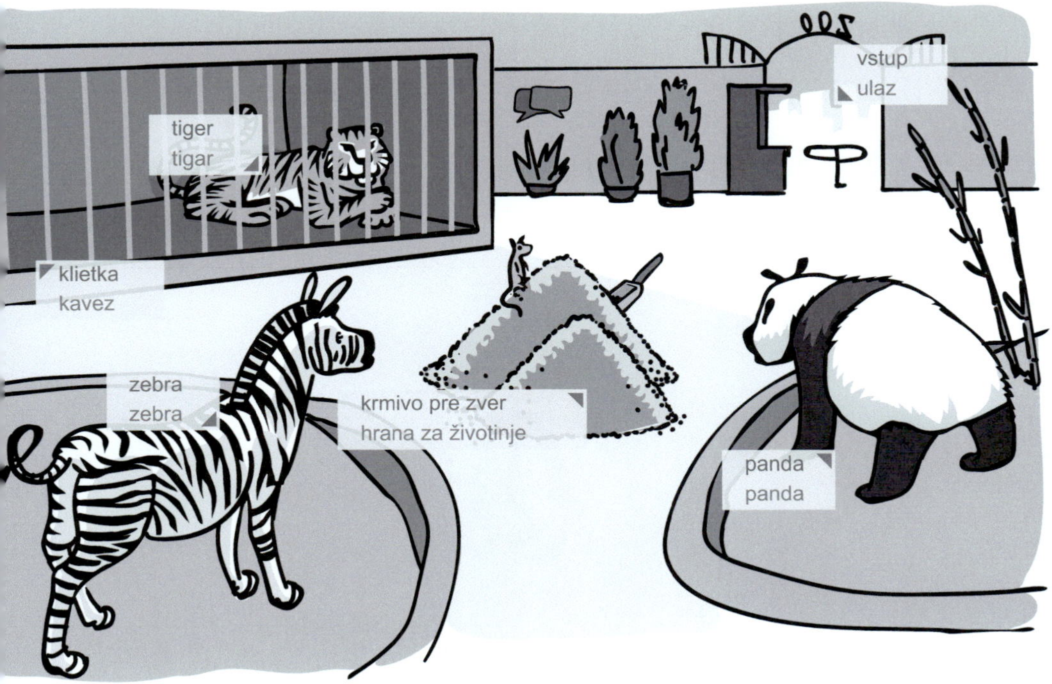
vstup
ulaz
tiger
tigar
klietka
kavez
zebra
zebra
krmivo pre zver
hrana za životinje
panda
panda

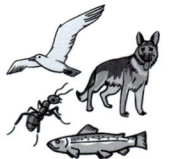

zvieratá
životinje

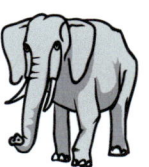

slon
slon

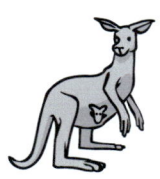

klokan
kengur

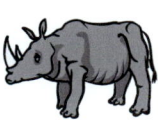

nosorožec
nosorog

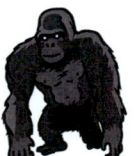

gorila
gorila

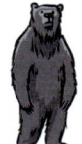

medveď
medved

ťava
kamila

pštros
noj

lev
lav

opica
majmun

plameniak
flamingo

papagáj
papagaj

ľadový medveď
polarni medved

tučniak
pingvin

žralok
ajkula

páv
paun

had
zmija

krokodíl
krokodil

ošetrovateľ v ZOO
čuvar u zoološkom vrtu

tuleň
tuljan

jaguár
jaguar

poník

poni

leopard

leopard

hroch

nilski konj

žirafa

žirafa

orol

orao

diviak

divlja svinja

ryba

riba

korytnačka

kornjača

mrož

morž

líška

lisica

gazela

gazela

americký futbal
američki nogomet

cyklistika
biciklizam

tenis
tenis

basketbal
košarka

plávanie
plivanje

box
boks

hokej
hokej na ledu

futbal
fudbal

bedminton
badminton

ľahká atletika
atletika

hádzaná
rukomet

lyžovanie
skijanje

pólo
polo

skočiť
skočiti

objať
zagrliti

smiať sa
smejati se

chodiť
ići

spievať
pevati

snívať
sanjati

modliť sa
moliti se

pobozkať
poljubiti

písať
pisati

kresliť
crtati

ukázať
pokazati

tlačiť
gurati

dať
dati

brať
uzeti

mať
imati

robiť
činiti

byť
biti

stáť
stojati

bežať
trčati

ťahať
povlačiti

hádzať
baciti

padnúť
padati

ležať
ležati

čakať
čekati

nosiť
nositi

sedieť
sediti

obliecť sa
oblačiti

spať
spavati

zobudiť sa
probuditi se

pozerať

gledati

plakať

plakati

hladkať

milovati

česať

češljati

hovoriť

govoriti

rozumieť

razumeti

pýtať sa

pitati

počuť

slušati

piť

piti

jesť

jesti

upratať

pospremiti

milovať

voleti

variť

kuhati

jazdiť

voziti

letieť

leteti

aktivity - aktivnosti

plachtiť

ploviti

počítať

računati

čítať

čitati

učiť sa

učiti

pracovať

raditi

oženiť

venčati se

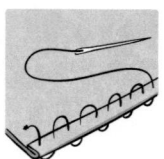

šiť

šiti

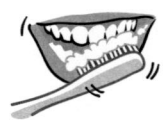

čistiť zuby

prati zube

zabiť

ubiti

fajčiť

pušiti

poslať

poslati

rodina
porodica

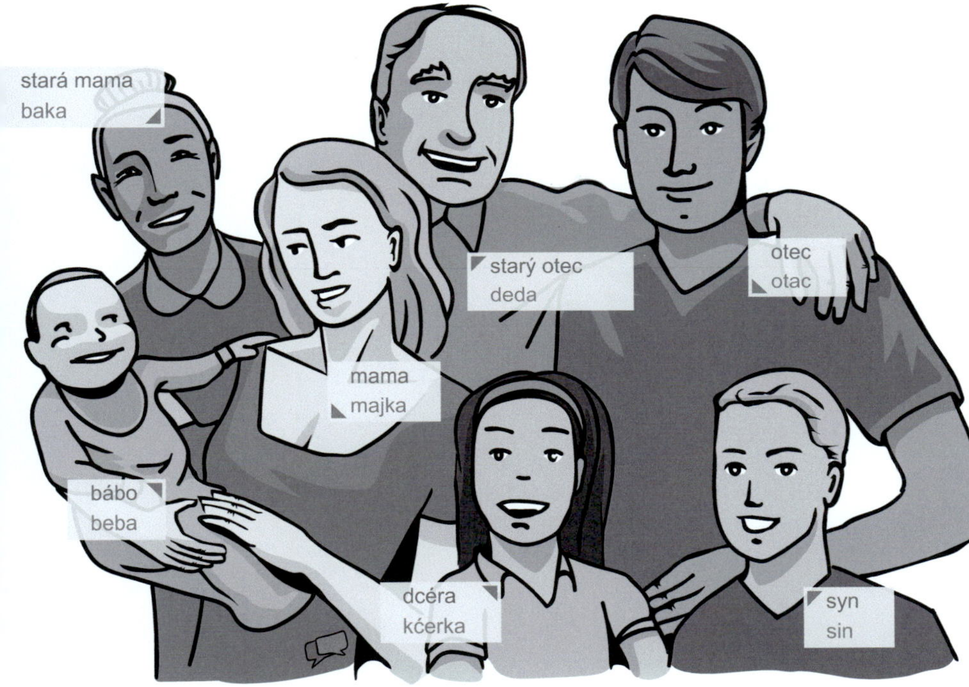
stará mama
baka
starý otec
deda
otec
otac
mama
majka
bábo
beba
dcéra
kćerka
syn
sin

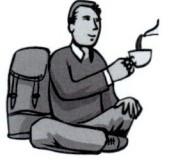

hosť

gost

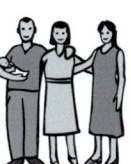

teta

tetka

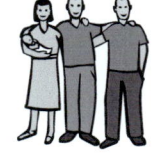

strýko

ujak, stric

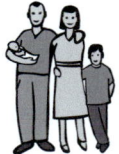

brat

brat

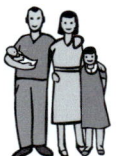

sestra

sestra

telo

telo

čelo
čelo
oko
oko
plece
rame
prst
prst
tvár
lice
brada
brada
ruka
ruka
noha
noga
hruď
grudi
rameno
ruka

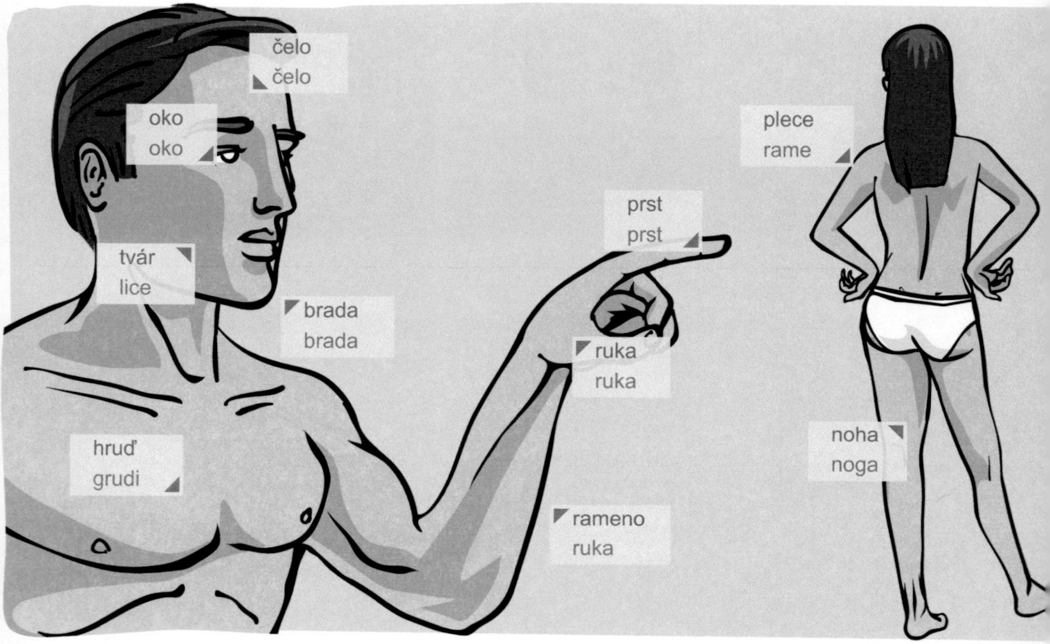

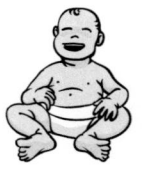

bábo

beba

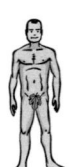

muž

muškarac

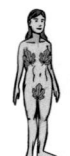

žena

žena

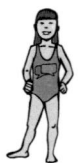

dievča

devojčica

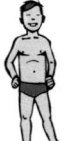

chlapec

dečak

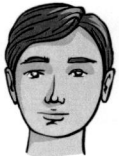

hlava

glava

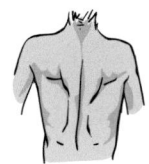

chrbát

leđa

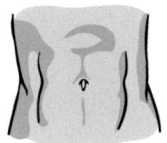

brucho

stomak

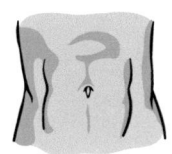

pupok

pupak

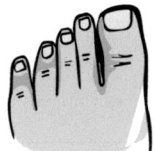

prst na nohe

nožni prst

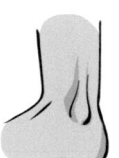

päta

peta

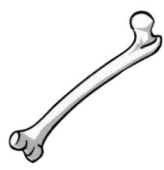

kosť

kost

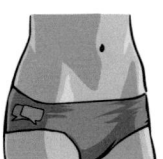

bok

kukovi

koleno

koleno

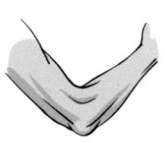

lakeť

lakat

nos

nos

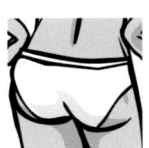

zadok

zadnjica

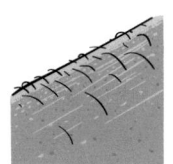

koža

koža

líce

obraz

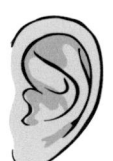

ucho

uvo

pery

usna

ústa

usta

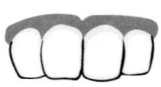

zub

zub

jazyk

jezik

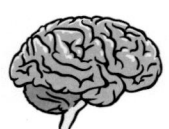

mozog

mozak

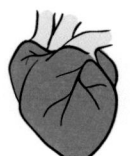

srdce

srce

svaly

mišić

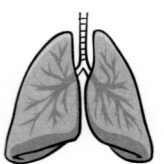

pľúca

pluća

pečeň

jetra

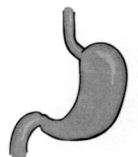

žalúdok

želudac

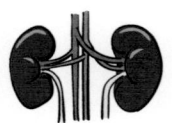

obličky

bubrezi

pohlavný styk

polni odnos

kondóm

kondom

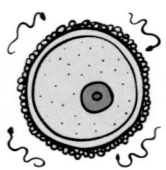

vaječná bunka

jajna ćelija

semeno

sperma

tehotenstvo

trudnoća

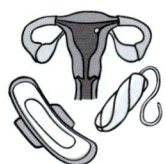

menštruácia

menstruacija

vagína

vagina

penis

penis

obočie

obrva

vlasy

kosa

krk

vrat

nemocnica
bolnica

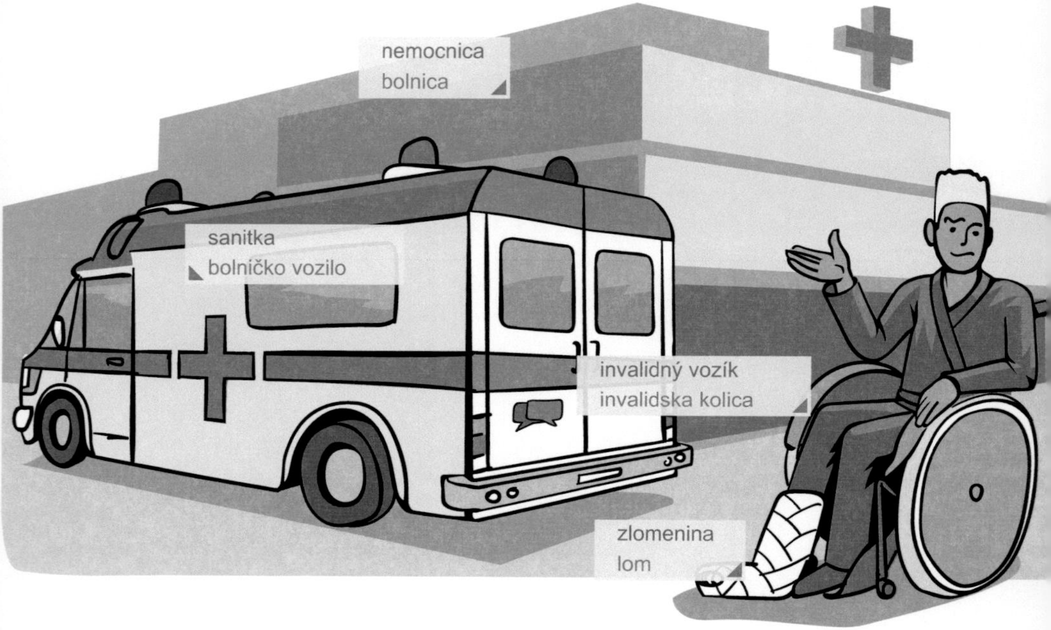

nemocnica
bolnica
sanitka
bolničko vozilo
invalidný vozík
invalidska kolica
zlomenina
lom

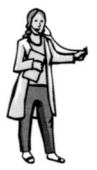

lekár

lekar

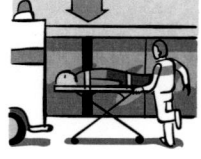

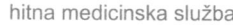

urgentný príjem

hitna medicinska služba

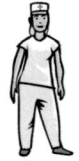

sestrička

medicinska sestra

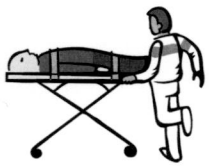

urgentný prípad

hitni slučaj

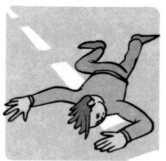

v bezvedomí

nesvest

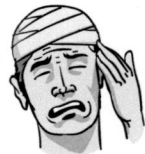

bolesť

bol

zranenie

povreda

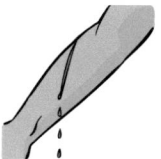

krvácanie

krvarenje

srdcový infarkt

srčani udar

mozgová porážka

udar

alergia

alergija

kašeľ

kašalj

teplota

groznica

chrípka

gripa

hnačka

proliv

bolesť hlavy

glavobolja

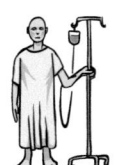

rakovina

rak

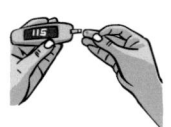

cukrovka

dijabetes

chirurg

hirurg

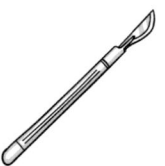

skalpel

skalpel

operácia

operacija

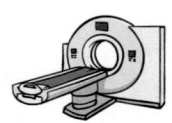

CT

ct

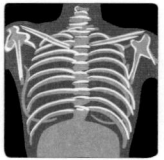

RTG

rentgen

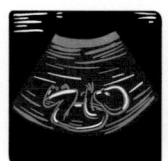

ultrazvuk

ultrazvuk

maska

maska

choroba

bolest

čakáreň

čekaona

barla

štaka

náplasť

flaster

obväz

zavoj

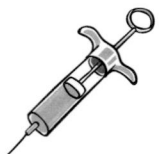

injekcia

injekcija

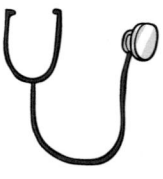

fonendoskop

stetoskop

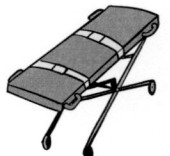

nosidlá

nosila

teplomer

termometar

pôrod

rođenje

nadváha

prekomerna težina

audiofón

slušni aparat

dezinfekčný prostriedok

sredstvo za dezinfekciju

infekcia

infekcija

vírus

virus

HIV / AIDS

HIV / AIDS

medicína

medicina

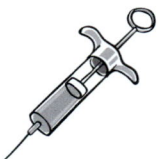

očkovanie

vakcinacija

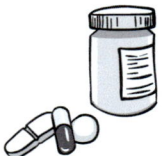

tabletky

tablete

antikoncepčná pilulka

pilula

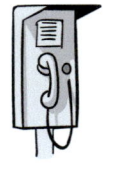

tiesňové volanie

hitni poziv

tlakomer

uređaj za merenje pritiska

chorý / zdravý

bolesno / zdravo

Pomoc!

pomoć!

alarm

alarm

prepad

nasrtaj

útok

napad

nebezpečenstvo

opasnost

núdzový východ

izlaz u slučaju nužde

Horí!

požar!

hasičský prístroj

protivpožarni aparat

nehoda

nezgoda

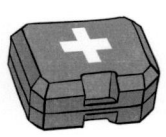

kufrík prvej pomoci

kutija prve pomoći

SOS

sos

polícia

policija

Európa

Evropa

Severná Amerika

Severna Amerika

Južná Amerika

Južna Amerika

Afrika

Afrika

Ázia

Azija

Austrália

Australija

Atlantický oceán

Atlantik

Tichý oceán

Pacifik

Indický oceán

Indijski okean

Južný oceán

Antarktički okean

Severný ľadový oceán

Arktički ocean

Severný pól

Severni pol

Južný pól
Južni pol

Antarktída
Antarktik

Zem
zemlja

krajina
zemlja

more
more

ostrov
otok

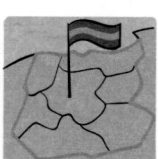

národ
nacija

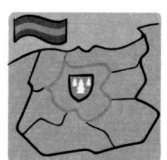

štát
država

ciferník

brojčanik sata

hodinová ručička

satna kazaljka

minútová ručička

minutna kazaljka

sekundová ručička

sekundna kazaljka

Koľko je hodín?

Koliko je sati?

deň

dan

čas

vreme

teraz

sada

digitálne hodiny

digitalni sat

minúta

minuta

hodina

čas

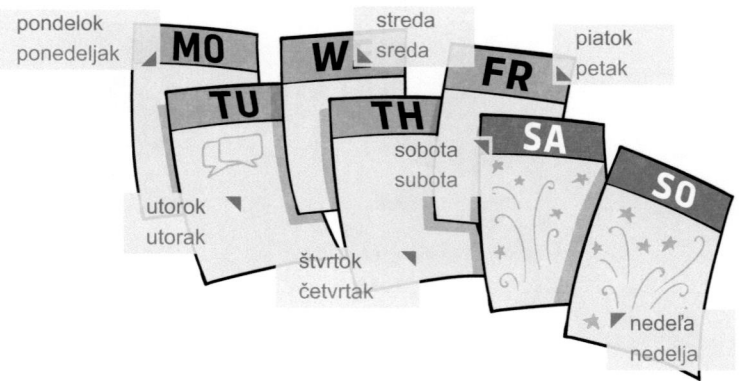

pondelok
ponedeljak

streda
sreda

piatok
petak

utorok
utorak

sobota
subota

štvrtok
četvrtak

nedeľa
nedelja

včera

juče

dnes

danas

zajtra

sutra

ráno

jutro

poludnie

podne

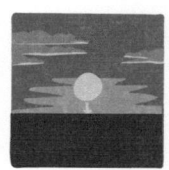

večer

veče

pracovné dni

radni dani

víkend

vikend

dážď
kiša

dúha
duga

sneh
sneg

vietor
vetar

jar
proleće

jeseň
jesen

leto
leto

zima
zima

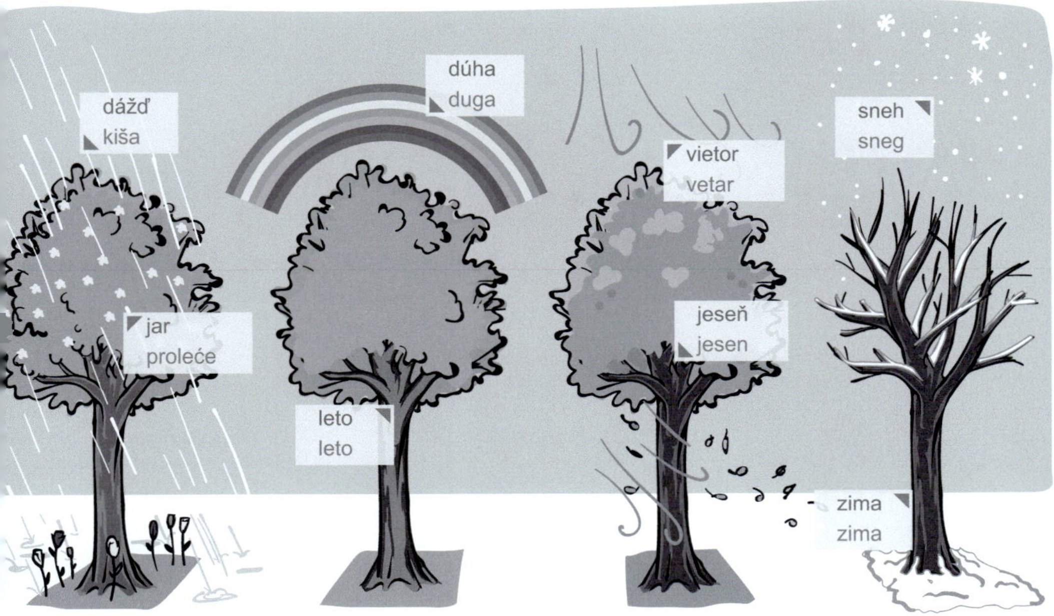

predpoveď počasia

meteorološka prognoza

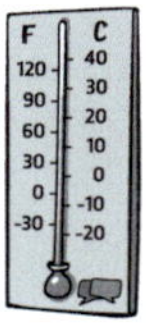

teplomer

termometar

slnečný svit

sunčana svetlost

oblak

oblak

hmla

magla

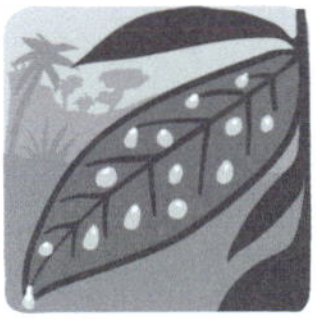

vlhkosť vzduchu

vlažnost vazduha

blesk

munja

hrom

grmljavina

búrka

oluja

krúpy

tuča

monzún

monsun

záplava

poplava

ľad

led

január

januar

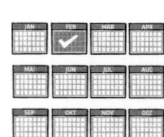

február

februar

marec

mart

apríl

april

máj

maj

jún

juni

júl

juli

august

avgust

september
septembar

október
oktobar

november
novembar

december
decembar

tvary
oblici

kruh
krug

štvorec
kvadrat

obdĺžnik
pravougao

trojuholník
trougao

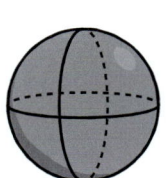

guľa
kugla

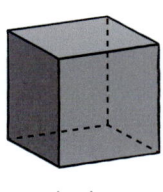

kocka
kocka

biela

bela

žltá

žuta

oranžová

narandžasta

ružová

ružičasta

červená

crvena

fialová

ljubičasta

modrá

plava

zelená

zelena

hnedá

smeđa

šedá

siva

čierna

crna

veľa / málo

mnogo / malo

zúrivý / pokojný

ljutito / mirno

pekný / škaredý

lepo / ružno

začiatok / koniec

početak / kraj

veľký / malý

veliko / maleno

svetlý / tmavý

svetlo / tamno

brat / sestra

brat / sestra

čistý / špinavý

čisto / prljavo

úplný / neúplný

potpuno / nepotpuno

deň / noc

dan / noć

mŕtvy / živý

mrtvo / živo

široký / úzky

široko / usko

chutný / nechutný

jestivo / nejestivo

zlostný / láskavý

zlo / dobro

vzrušený / unudený

uzbuđeno / dosadno

tlstý / chudý

debelo / mršavo

prvý / posledný

na početku / na kraju

priateľ / nepriateľ

prijatelj / neprijatelj

plný / prázdny

puno / prazno

tvrdý / mäkký

tvrdo / mekano

ťažký / ľahký

teško / lagano

hlad / smäd

glad / žeđ

chorý / zdravý

bolesno / zdravo

nelegálny / legálny

ilegalno / legalno

inteligentný / hlúpy

pametno / glupo

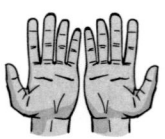

vľavo / vpravo

levo / desno

blízko / ďaleko

blizu / daleko

nový / použitý

novo / polovno

nič / niečo

ništa / nešto

starý / mladý

staro / mlado

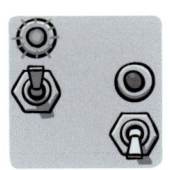

zapnuté / vypnuté

uključeno / isključeno

otvorené / zatvorené

otvoreno / zatvoreno

tichý / hlasný

tiho / glasno

bohatý / chudobný

bogato / siromašno

správne / nesprávne

tačno / pogrešno

drsný / hladký

hrapavo / glatko

smutný / šťastný

tužno / sretno

krátky / dlhý

kratko / dugo

pomaly / rýchlo

polako / brzo

mokrý / suchý

mokro / suho

teplý / studený

toplo / hladno

vojna / mier

rat / mir

protiklady - suprotnosti

0	**1**	**2**
nula	jeden	dva
nula	jedan	dva

3	**4**	**5**
tri	štyri	päť
tri	četiri	pet

6	**7**	**8**
šesť	sedem	osem
šest	sedam	osam

9	**10**	**11**
deväť	desať	jedenásť
devet	deset	jedanaest

12

dvanásť

dvanaest

13

trinásť

trinaest

14

štrnásť

četrnaest

15

pätnásť

petnaest

16

šestnásť

šestnaest

17

sedemnásť

sedamnaest

18

osemnásť

osamnaest

19

devätnásť

devetnaest

20

dvadsať

dvadeset

100

sto

stotinu

1.000

tisíc

hiljadu

1.000.000

milión

milion

angličtina

engleski

americká angličtina

američki engleski

mandarínska čínština

mandarinski kineski

hindčina

hindski

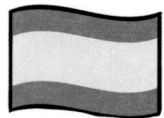

španielčina

španski

francúzština

francuski

arabčina

arapski

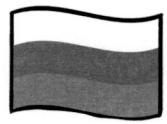

ruština

ruski

portugalčina

portugalski

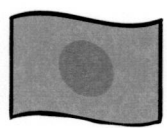

bengálčina

bengalski

nemčina

nemački

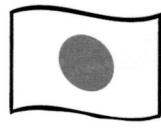

japončina

japanski

ja
ja

ty
ti

on/ona/ono
on / ona / ono

my
mi

vy
vi

oni
oni

kto?
Ko?

čo?
Šta?

ako?
Kako?

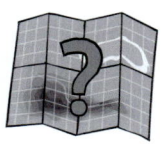

kde?
Gde?

kedy?
Kada?

meno
ime

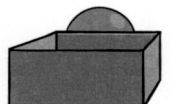

za
·····
iza

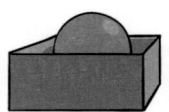

v
·····
u

pred
·····
ispred

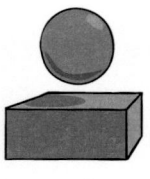

nad
·····
preko

na
·····
na

pod
·····
ispod

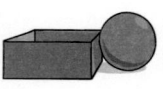

vedľa
·····
pored

medzi
·····
između

miesto
·····
mesto